Entrantes calientes

Editor: **Paco Asensio**
Directora de arte: **Mireia Casanovas Soley**
Diseño gráfico: **Gisela Legares Gili**
Traducción: **Joana M. Furió (Books Factory *Translations*)**

ISBN: 84-96048-54-3
D.L.: B-1.673/2003

© para la edición española:
H Kliczkowski-Onlybook, S.L.
La Fundición, 15. Polígono Industrial Santa Ana
28529 Rivas-Vaciamadrid. Madrid
Tel.: +34 91 666 50 01
Fax.: +34 91 301 26 83
asppan@asppan.com
www.onlybook.com

Impreso en: Ferré Olsina Industria Gràfica
            Barcelona, España

Muy fácil

Fácil

Difícil

En el "país de la sonrisa", la gastronomía osa todo tipo de uniones: dulce-salado, agridulce, salsa afrutada y crustáceos... De norte a sur, Tailandia se envuelve con los sabores más variados y refinados.

Macarrones con gambas y salsa de plátano

Macarrones con gambas y salsa de plátano

4 personas . tiempo de preparación: 45 min . tiempo de cocción: 20 min

Macarrones de gambas . 26 gambas gruesas . 12 g de ajo . 3 ramas de coriandro fresco . 40 g de salsa de pescado . 15 g de azúcar . 20 g de tapioca . 100 g de queso rallado . Aceite para freír . Salsa de piña: 1 piña mediana. 4,5 cl de vinagre blanco . 235 g de azúcar en polvo . 10 g de sal . 15 g de pimienta roja fresca . 20 g de cebolla . 2 cl de aceite de cacahuete

Colocar la tapioca y la salsa de pescado en cuencos separados. Echar la salsa de pescado sobre la tapioca mezclando poco a poco con una cuchara pequeña. Pelar las gambas y triturar las colas. Reservar en una ensaladera. Triturar juntos el coriandro y el ajo pelado, y añadir a las gambas trituradas. Azucarar. Añadir la salsa de pescado a la tapioca. Batir vivamente para obtener una pasta homogénea.

Echar el pan rallado en un plato. Coger un pequeño puñado para formar una bolita. Recuperarla con una cucharita y luego rebozarla con el pan rallado. Aplastar para formar un macarrón. Proceder del mismo modo hasta agotar el relleno.

Retirar la corteza de la piña y eliminar los ojos sobrantes en la pulpa. Partir la fruta en cuatro. Retirar la parte dura interna. Cortarla en dados de 2 cm al igual que la cebolla pelada y el pimiento sin pepitas. Colocar los tres ingredientes en el cuenco de la batidora.

Triturar todo junto hasta la obtención de una salsa homogénea y fluida. Calentar el aceite en una sartén y luego añadir la salsa a la piña. Dejar dorar a fuego vivo, sin dejar de remover.

Regar la salsa con vinagre blanco. Llevar a ebullición. Desde la primera ebullición, añadir azúcar y sal. Dejar hervir 15 min. y retirarlas del fuego. Poner a dorar los macarrones de gambas 3 min en una freidora muy caliente. Servirlas de inmediato, acompañadas de la salsa de piña.

Los toscanos unificaron la gastronomía italiana. Abrieron restaurantes donde triunfó la pizza al queso del norte y el risotto al aceite de oliva del sur.

Risotto al limón y romero 61

Risotto al limón y romero

4 personas . tiempo de preparación: 30 min . tiempo de cocción: 20 min

280 g de arroz Carnaroli . 1 ramita de romero . 2 limones verdes sin tratar . 1 l de caldo de pollo . 1/2 de cebolla . 10 cl de vino blanco . 50 g de mantequilla . 50 g de queso parmesano rallado . Flor de sal . Pimienta negra

Moler las briznas de romero, pelar y picar la cebolla, raspar las cortezas de los limones. Poner una cacerola a fuego vivo y fundir la mitad de la mantequilla. Añadir la cebolla picada y el romero molido.

Mezclar con fuerza con ayuda de una espátula. Dejar reducir sin coloración. Mojar el preparado con el vino blanco. Dejar evaporar 1 min a fuego vivo.

Echar poco a poco el arroz en el preparado. Incorporarlo paulatinamente en las cebollas al vino blanco. Poner el caldo de pollo a calentar en otra cacerola. Tan pronto el arroz ha absorbido el vino blanco, mojarlo varias veces con la mitad del caldo de ave caliente. Proceder con pequeños cucharones removiendo entre cada adición de caldo. El arroz no debe tomar color.

Salpimentar. Añadir las cortezas de limón ralladas en pequeñas cantidades. Mojar de nuevo el arroz con el caldo de ave. Dejar cocer 20 min a fuego lento removiendo a menudo el arroz, que siempre debe quedar cubierto de caldo.

Cuando el arroz esté tierno y haya absorbido todo el líquido, incorporar el resto de la mantequilla. Remover enérgicamente. Añadir 3 gotas de zumo de limón y del parmesano rallado. Espolvorear el arroz con las cortezas de limón rallado y las briznas de romero. Servir de inmediato.

Todavía hasta hace poco tiempo una frontera culinaria separaba el norte de Italia, región de la mantequilla y de la leche, de la del sur, volcado en el culto al aceite de oliva, la pasta y el vino de Marsala.

Malfatti con lentejas y langostinos

4 personas . tiempo de reparación: 40 min . tiempo de cocción: 25 min

Pasta malfatti: 500 g de harina . 8 yemas de huevo . 5 cl de aceite de oliva . 15 g de sal .
Acompañamiento: 12 langostinos . 500 g de lentejas cocidas . 3 dientes de ajo . 300 g de tomates cherry . 1 manojo de albahaca . 20 cl de aceite de oliva . 50 g de mantequilla . Sal . Pimienta .

Distribuir la harina sobre el mármol. Romper las yemas de los huevos en el centro. Regar con aceite de oliva y 5 cl de agua poco a poco. Salar. Amasar con la palma de las manos hasta obtener una bola lisa y blanda. Cubrir con un plato. Reservar 5 min a temperatura ambiente.

Extender la pasta con un rodillo hasta obtener 1 mm de espesor. Enrollarla con el mismo rodillo y desenrollar la mitad sobre la base de trabajo. Cortar la punta con un cuchillo y crear tiras de anchura irregular. Proceder del mismo modo con la otra mitad de la pasta.

Disponer los langostinos en el lomo. Romper las carcasas en dos en toda su longitud y abrirlas a lo ancho. Cortar ligeramente las patas. Reservar.

Dorar con aceite de oliva el ajo machacado. Añadir las lentejas, los tomates cherry, la albahaca, la sal y la pimienta. Saltear a fuego lento 10 min. Colocar los langostinos sobre el preparado.

Cubrir y mantener al fuego 10 min. Reservar los langostinos cocidos.

Hervir 2 l de agua salada en una cacerola. Al primer hervor, sumergir delicadamente la pasta y dejar cocer 5 min a fuego lento. Retirar y dejar escurrir en un colador.

Añadir 50 g de mantequilla en las lentejas. Llevar a ebullición, añadir la pasta y remover ligeramente. Colocar las lentejas formando una corona sobre una bandeja. Decorar con la pasta, los langostinos, los tomates cherry y la albahaca.

Tomarse el tiempo de hacer uno mismo la pasta es lo que da confianza a un napolitano. Massimo Palermo nos entrega el secreto de una pasta infalible, sencilla y llena de buen humor.

Arenques fritos con mantequilla al limón

4 personas . tiempo de preparación: 40 min . tiempo de cocción: 10 min

8 arenques pequeños . 100 g de harina . Aceite de freír . Pasta para freír: 250 g de harina .
1 yema de huevo y 2 claras . 15 cl de cerveza . 5 cl de aceite de oliva .
Vinagreta al limón: 10 cl de aceite de oliva . 10 cl de vinagre blanco . 2 chalotas .
Corteza de 1 limón . Espuma de mantequilla: 200 g de mantequilla . Zumo de 1 limón .
4 hojas de acedera . Sal . Pimienta.

Preparar la pasta para freír: montar las claras de huevo a punto de nieve. En una terrina, batir la harina con la yema de huevo, la cerveza, 25 cl de agua y el aceite de oliva. Con una espátula, incorporar delicadamente las claras a punto de nieve.

Vaciar los arenques. Cortar las cabezas con pulcritud. En un plato, rebozarlos en 100 g de harina. Con una cuchara sopera, sumergirlos rápidamente en la pasta para freír.

Echarlos, uno a uno, untados con la pasta en un recipiente con aceite muy caliente. Dejar freír 2 o 3 min.

Para la espuma de la mantequilla: dejar que la mantequilla adquiera color en una cacerola pequeña. Echar el zumo de limón poco a poco sin dejar de batir y después la sal y la pimienta. Dejar enfriar.

Colocar la cacerola con la mantequilla en un lebrillo lleno de cubitos de hielo. Batir con fuerza hasta obtener una pasta muy espesa de color beige.

Para la vinagreta de limón: mezclar las chalotas picadas, las cortezas de limón, el aceite de oliva y el vinagre blanco. Disponer los arenques fritos sobre la salsa al limón con una hoja de acedera cubierta por la espuma de mantequilla.

Antiguamente, el arenque constituía la base de la alimentación popular sueca. Los habitantes del sur de este país lo llaman "sil".

El pescado que se captura por encima de una línea que pasa por las islas de Gotland y de Öland, suele ser más pequeño y menos graso y recibe el nombre de "strömming".

El corazón de palmito se extrae del centro del tronco de las palmeras reales. Se presenta con forma de cilindro de 1,5 m de largo aproximadamente, con un color marfil veteado de marrón.

Gratinado Club Gourmet

Gratinado Club Gourmet

4 personas . tiempo de preparación: 15 min . tiempo de cocción: 30 min

400 g de corazón de palmito . 50 g de cebolla . 1 diente de ajo . 1 rama de tomillo .
5 cl de vino blanco . 10 cl de nata líquida fresca . 20 quisquillas . 160 g de mantequilla .
10 cl de aceite de oliva . 2 huevos . Sal . Pimienta .

Pelar y picar la cebolla y el ajo. Calentar 10 cl de aceite y 10 g de mantequilla en una cacerola. Fundir el ajo, el tomillo y la cebolla durante 3-4 min. Retirar la corteza del palmito y desmenuzarlo. Echar las láminas obtenidas en la cacerola con las cebollas. Dejar reducir en el aliño de 1 a 2 min. Salpimentar.
Desglasar el contenido de la cacerola con el vino blanco. Mezclar. Dejar reducir en seco unos 10 min.
Salsa de palmito: fuera del fuego, echar la nata líquida en la reducción de palmito. Mezclar 5 min a fuego medio hasta que la crema esté bien ligada.
Extraer los caparazones de las quisquillas y añadirlas a la salsa de palmito. Remover con la cuchara de madera para que queden bien cubiertas con la salsa. En otra parte, mezclar en una pequeña cacerola 2 huevos con 1 cucharada sopera de agua.
Batir la mezcla al baño María hasta obtener un sabayón. Ligarlo con 150 g de mantequilla y salpimentar.
Utilizar aros de cocina para verter la salsa de palmito y luego el sabayón. Gratinar

con un quemador de azúcar, retirar el aro y servir caliente.

Al borde de la soberbia playa de Trou-aux-Biches, el Gourmet's Club, restaurante de nuestro chef, ofrece sus tentaciones a los sibaritas. El gratén de palmito ocupa un buen lugar en la carta. En las familias mauricianas, este plato de fiesta más bien costoso estaba reservado a los invitados de honor.

Se echan abundantes láminas de queso y luego vino blanco y Kirsch.
Después se enciende el infiernillo debajo del recipiente, colocado en el centro de la mesa.
La degustación consiste en empapar pequeñas porciones de pan duro que cada comensal
retira con ayuda de un largo pincho.

Fondue savoyarda

Fondue savoyarda

4 personas . tiempo de preparación: 10 min . tiempo de cocción: 20 min

40 cl de vino blanco de Saboya . 400 g de queso de Beaufort . 1 diente de ajo .
20 g de mantequilla. 10 g de fécula de patata . 20 cl de Kirsch . 1 baguette de pan duro .
Sal. Pimienta

Coger una marmita con un fondo espeso y frotar su interior con un diente de ajo y seguidamente con un pedazo de mantequilla.

Trocear el queso en varias porciones. Cortarlo en láminas muy finas o rallar y luego echarlas a la marmita puesta a fuego lento. Remojar con 2 vasos de vino blanco. Colocar la marmita a fuego lento y fundir el queso en el vino blanco removiendo con la espátula de madera. El queso debe estar completamente fundido en estado cremoso. Diluir 10 g de fécula en un vaso de Kirsch y derrarmarlo sobre el queso fundido. Salpimentar. Remover levantando suavemente el fondo hacia arriba. Reservar en caliente.

Cortar una barra de pan en pedazos de 2 cm y volver a cortar cada porción en dos. Colocar pan y el cazo en el centro de la mesa sobre un infiernillo a disposición de los comensales. Degustar remojando pequeñas porciones de pan en el preparado con el queso fundido.

Gran estrella del invierno savoyardo, la fondue recibe el aplauso unánime de los aficionados al queso y la montaña. Ya en el siglo XIX, este pequeño recipiente colocado en el centro de la mesa invitaba a propietarios y pastores al encuentro. Actualmente, la tradición se mantiene. La fondue se sirve en un recipiente apoyado en un infiernillo, también llamado "caquelon" en francés.

En esta zona se encuentran ocas de las razas locales hungaviscomb y babat, así como ocas grises de Toulouse, de origen francés.

Foie de oca a la húngara

Foie de oca a la húngara

4 personas . tiempo de preparación: 25 min . cocción de las patatas: 30 min

1 hígado de oca crudo de 300 g . 50 cl de leche . 100 g de grasa de oca . 1 cebolla mediana . 1 diente de ajo . Sal . Pimienta en grano . Decoración : 4 patatas . 2 pimientos verdes húngaros . 1 tomate grueso . Páprika

Colocar el hígado en un plato hondo y regarlo con leche. Dejar reposar 1 h en el frigorífico.

Hervir las patatas con su piel durante 30 min. Pelar el ajo y la cebolla. Cuando el hígado esté bien adobado, escurrirlo y depositarlo en una olla. Añadir sobre el hígado la pimienta en grano, la cebolla y el ajo enteros y luego la grasa de oca. Salar abundantemente. Echar un poco de agua en el fondo y dejar cocer un total de 30 min tapado.

En el curso de la cocción, girar el hígado cuando la parte inferior esté bien asada y cocer por el otro lado hasta que se haya evaporado el agua y el hígado quede un poco seco.

Una vez cocido, cortarlo al bies en láminas bastante finas. Trocear los pimientos a tiras y el tomate en pequeños dados. Pelar las patatas hervidas y luego cortarlas en rodajas.

Disponer las láminas del foie en una bandeja y espolvorear la páprika. Adornar con los pequeños dados de tomates y acompañar con patatas hervidas.

¡Cuántos gourmets europeos creen a veces degustar foie del Perigord cuando su producto favorito ha sido producido en Hungría! Las ocas húngaras se crían al este del país en la gran llanura de la Pusta, entre Szolnock y Hajdi Bihar. En esta región, con una flora y fauna únicas, abundan los grupos de ocas, rebaños de corderos y bueyes grises.

Foie de pato con compota de membrillo

4 personas . tiempo de preparación: 20 min . tiempo de cocción: 35 min

320 g de hígado de pato . 1 cucharadita de sal de Guérande . 1 pizca de neguilla . Pimienta molida . Compota de membrillo : 2 membrillos . 2 cucharadas soperas de miel de acacia . 30 g de mantequilla . 1 pizca de neguilla . 1 cucharada sopera de vinagre de Jerez . Salsa: 10 cl de vino de Oporto . 1 cucharada sopera de vinagre de Jerez . 1 nuez de mantequilla . Decoración : algunos tallos de cebolleta . Sal de Guérande

Pelar los membrillos y cortarlos en dados pequeños. Echarlos en 30 g de mantequilla caliente. Añadir la miel y 1 pizca de neguilla. Mezclar una primera vez. Verter el vinagre de Jerez y mezclar de nuevo. Hacer una compota del conjunto durante 30 min. a fuego lento. Reservar en un plato.

Cortar el hígado crudo ligeramente al bies, en rodajas de 1 cm de espesor y de unos 40 g de peso cada una. Salpimentar y espolvorear la neguilla. Poner a calentar una sartén sin materia grasa y colocar los escalopes de hígado para que se hagan a fuego vivo durante 30 s por cada lado, despegándolos con la espátula. Enjugarlos con papel absorbente.

Eliminar la grasa de la sartén. Desglasar con el Oporto y luego con el vinagre de Jerez. Dejar reducir a la mitad durante 5 min a fuego vivo hasta obtener un jarabe. Fuera del fuego, añadir 1 nuez de mantequilla en el jarabe. Volver a poner al fuego.

Remover sin cesar para obtener una capa homogénea y espesa. Reservar. Servir dos escalopes de foie por persona, acompañados de una ración de compota de membrillo. Cubrir con la salsa. Decorar con cebolleta y espolvorear con la sal de Guérande.

Tanto si es de pato como de oca, el foie sigue siendo uno de los platos más exquisitos de la gastronomía.

Según sea pato u oca y la forma en la que ha sido cebado, su color variará del marfil al blanco rosado; sin embargo, siempre será algo más oscuro si se trata de un pato.

La pasta hojaldrada fue creada al parecer en Oriente Medio y llegó a Europa con los cruzados. Sin embargo, las pasta con varios miles de hojas que conocemos reivindica a varios creadores: entre ellos, el más célebre fue Claude Gelée. Aprendiz de pastelero a principios del siglo XVIII, se convirtió más tarde en el famoso pintor paisajista De Lorena.

Filete de espárragos con perejil

Filete de espárragos con perejil

4 personas . tiempo de preparación: 1 h . tiempo de cocción: 20 min

40 espárragos verdes . 100 g de mantequilla . 10 cl de nata líquida fresca . 4 o 5 ramas de perifollo . 250 g de pasta de hojaldre . Harina para la base de trabajo . Sal gruesa y fina . Pimienta

Con ayuda de un cuchillo pequeño, rascar delicadamente los espárragos por debajo de las puntas para eliminar las hojitas (evítese morder la parte verde de los espárragos). Rascar con precaución la base (parte blanca) de los espárragos con el raspador. Enjuagar con cuidado, escurrir y anudarlos formando manojos.

Cortar la pasta hojaldrada en 4 rectángulos regulares de 11 x 7 cm aproximadamente en una base de trabajo enharinada. Poner al horno los rectángulos a 200° C de 15 a 20 min. Simultáneamente, cocer los espárragos durante 15 min en agua salada.

Cortar el perifollo y echar en una cacerola con un pequeño cucharón del caldo resultante de cocer los espárragos; dejar reducir. Añadir la nata fresca, la pimienta y montar con la mantequilla. Incorporar luego el perifollo picado.

Abrir los hojaldres aún tibios en dos mitades. Recalentar los espárragos y cortarlos de modo que superen ligeramente los hojaldres. Cortar las pequeñas porciones de espárragos restantes en trozos.

Poner medio hojaldre por plato. Rellenar con los pequeños trozos de espárrago y alinear por encima varios espárragos largos. Cubrir con un sombrero de hojaldre. Cubrir los platos con la salsa y el perifollo.

El hojaldre forma una base culinaria que permite la elaboración de numerosos entrantes calientes.

Estos caracoles vienen directamente del Languedoc, más exactamente de la región de Sommières, donde, según Georges Rousset, existen tantas recetas de caracoles como pueblos tiene la comarca.

Caracoles a la antigua

Caracoles a la antigua

| 4 personas . tiempo de preparación: 30 min . tiempo de cocción: 1 h 40 min |

Caracoles en salsa: 72 caracoles frescos . 1 cebolla y media . 1 o 2 clavos . 1 ramita de tomillo. 1 hoja de laurel . 1 tallo de hinojo . 1 chalota . 2 dientes de ajo . 6 filetes de anchoa . 75 de jamón salado . 30 g de nueces trituradas . 10 cl de aceite de oliva . 3 tomates . 1 pizca de pimienta de Cayena . 1 gota de pastís (facultativo) . Sal . Pimienta . Galletas de pan: 350 g de patatas en puré . 120 g de harina de espelta o de castañas . 120 g de harina de trigo . 4 huevos . 40 g de levadura de cerveza . 12 cl de leche . Mantequilla para la sartén . Decoración: 3 ramas de perifollo . 4 briznas de cebolleta . Hojas de verdolaga o de espinacas frescas

Aclarar los caracoles. Cocerlos de 60 o 75 min en una olla de agua a la que se ha añadido una cebolla picada con clavo, tomillo, laurel, hinojo, sal, pimienta y un chorrito de aceite. Una vez cocidos, escurrirlos y extraer el caparazón. Cortar 1/2 cebolla, la chalota, la nuez y el jamón. Calentar 1 cucharada sopera de aceite de oliva en una sartén. Echar también la cebolla, la chalota, el ajo machacado, el jamón deshilado, las nueces picadas y los filetes de anchoa desalados. Dejar dorar de 2 a 3 min.

Mondar y triturar los tomates. Añadirlos a la preparación anterior. Mojarlos con algunas cucharadas del caldo de cocer los caracoles.
Añadir los caracoles a la sartén. Salpimentar y espolvorear con pimienta de Cayena. Dejar reducir 2 min a fuego lento (los dados de tomate tienen que quedar enteros). Añadir 1 gota de pastís. Reservar.
Para las galletas, mezclar las harinas, el puré de patatas y los huevos. Añadir la levadura de cerveza diluida en la leche. Trabajar bien para obtener una pasta homogénea. Envolver con filme de plástico y dejar que aumente a temperatura ambiente durante 2 horas.
Poner a calentar una sartén ligeramente engrasada. Verter 2 cucharadas soperas de pasta de galleta y dejar dorar 5 min. Preparar las otras galletas. Disponer en cada plato un ramito de verdolaga, los caracoles en salsa, el perifollo y la cebolleta. Acompañar con las galletas.

De norte a sur, de este a oeste, no es raro ver a los grandes chefs ofrecer una receta de homenaje dedicada a su madre. Las crepes y raviolis de Arkadiusz Zuchmanski llevan el dulce nombre de Janina.

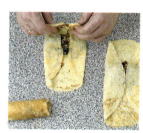

Crepes de raviolis Janina

Crepes de raviolis Janina

4 personas . tiempo de preparación:1 h 15 min . tiempo de cocción: 40 min

Pasta para crepes: 250 g de harina . 35 cl de leche . 40 g de mantequilla . 2 huevos enteros . 2 yemas de huevo .2 g de sal fina . Pasta para raviolis: 250 g de harina . 2 huevos . 1 cucharada de café de sal . Relleno: 500 g de choucroute cocida. 60 g de champiñones secos . 50 g de cebollas . 50 g de manteca de cerdo . 1 huevo . 50 g de pan rallado . 20 cl de caldo de carne . 1 cucharadita de sal . 1 cucharadita de pimienta . Empanada para las crepes: 4 huevos . 300 g de pan rallado fino . 1 cucharada sopera de aceite . Otros ingredientes: 30 cl de aceite de freír . 60 g de champiñones secos .

Rehidratar 120 g de champiñones secos en un cuenco de agua tibia. Mezclar todos los ingredientes de la pasta para crepes y batir con intensidad. Por otra parte, amasar los ingredientes de la pasta para raviolis con 3 cl de agua. Dejar reposar todo durante 1 o 2 h en el frigorífico.

Poner a rezumar las cebollas troceadas en la manteca de cerdo durante 3 min. Añadir la choucroute cocida y mezclar. Incorporar 60 g de champiñones escurridos y troceados, así como el caldo. Dejar cocer 10 min a fuego lento. Fuera del fuego, añadir el pan rallado, el huevo, la sal y la pimienta. Mezclar. Hacer las crepes en una sartén untada con aceite caliente hasta agotar la pasta. Poner cada crepe plana sobre la base de trabajo y rellenar con 1 cucharada sopera colmada con el relleno y aplastar a lo largo.

Doblar el lado izquierdo y derecho de cada crepe sobre el relleno. Plegar seguidamente la parte superior e inferior de la crepe formando un cuadrado y acabar enrollándolo todo. Batir en un cuenco 4 huevos con 1 cucharadita de agua.

Echar el pan rallado en un plato por el que se pasarán sucesivamente los rollos de crepe rellenos con la mezcla con huevos, y luego por el pan rallado. Reservar. Confeccionar los raviolis y llenar con el resto del preparado. Pocharlos 3 min y reservar en caliente.

Poner a cocer 60 g de champiñones durante 5 min en agua hirviendo. Sumergir los rollos de crepe 1 min en aceite hirviendo. Tan pronto estén doradas, retirarlas del aceite con una espumadera. Servir las crepes y raviolis envueltos con la salsa de champiñones.

Los calabacines, las berenjenas y los tomates son las tres hortalizas preferidas de los griegos. Las berenjenas griegas, de forma oblonga, se cultivan un poco por doquier en todo el país. Constituyen el ingrediente principal de la "moussaka".

Berenjenas gratinadas con queso feta

Berenjenas gratinadas con queso feta

6 personas . tiempo de preparación: 15 min . tiempo de cocción: 25 min

3 berenjenas gruesas . 300 g de queso feta . 3 dientes de ajo . 1 manojo de perejil .
6 cucharadas soperas de pan rallado . 7 cucharadas soperas de aceite de oliva . 3 cucharadas de café de vinagre . Sal . Pimienta

Pinchar la superficie de las berenjenas con ayuda de un tenedor. Colocarlas sobre una bandeja de horno y pasarlas por el grill durante unos 15 min. Pelar el ajo y picarlo junto con el perejil.

Echar en un cuenco el pan rallado, el queso feta aplastado previamente con los dedos y el ajo picado. Mezclar con los dedos hasta que todo aparezca finamente desmenuzado.

Cuando las berenjenas estén asadas, partirlas en sentido longitudinal. Cortar profundamente la pulpa de las berenjenas al bies con la punta de un cuchillo grande, y salpimentar. En cada mitad echar el equivalente de 1 cucharada sopera de aceite de oliva.

Colocar las mitades en la bandeja para el horno y espolvorear un poco de perejil picado. Luego rellenar el interior con el preparado a la feta. Gratinar las berenjenas 10 min en el horno a 200° C. Cuando estén bien doradas, regarlas con 3 cucharadas de café de vinagre y 3 de aceite de oliva. Servir bien caliente.

La receta de las berenjenas gratinadas proviene de Macedonia, región situada al norte de Grecia. Una cocinera inventiva se cansó un día del eterno caviar de berenjenas y decidió cortar sus verduras asadas en dos, rellenarlas con ajo y queso y ponerlas a gratinar.

Centro de espárragos rebozados

4 personas . tiempo de preparación: 45 min . tiempo de cocción: 10 min

6 espárragos verdes gruesos . 12 espárragos verdes finos . 8 lonchas de jamón crudo . 8 lonchas de queso de Tilsit . 2 huevos . 150 g de harina . 150 g de pan rallado . 1 manojillo de cebolletas . 200 g de ensalada mezclada (rizada, lechuga, roseta) . 6 cl de vinagre balsámico . 6 cl de aceite de oliva . 3 cucharadas soperas de vino de Oporto blanco . 3 cucharadas soperas de Jerez . 1 pimiento verde . 1 pimiento rojo . 1 pimiento amarillo . 1 pizca de azúcar . Algunas briznas de perifollo . Sal . Pimienta . Aceite para freír

Sobre una tabla de cortar, colocar 4 lonchas de jamón alineadas solapándolas ligeramente.

Cortar de forma muy fina las lonchas de queso de Tilsit con el mismo tamaño de las lonchas de jamón y colocarlas encima del jamón.

Limpiar los espárragos y sancochar durante 2 min. Refrescarlos sobre cubitos de hielo, enjugar y cortar las bases. Colocar 6 espárragos finos sobre el jamón con queso y enrollar las lonchas. Preparar un segundo rollo de la misma manera.

Sumergir los rollos rellenos y los espárragos gruesos en el huevo batido, luego en la harina y por último en el pan rallado, al que se ha añadido sal y pimienta. Repetir la operación una segunda vez en los mismos ingredientes. Dorar en una sartén con aceite muy caliente . Colocar 3 espárragos fritos uno sobre el otro. Anudarlos con 3 briznas de cebolleta rápidamente sancochadas. Proceder del mismo modo con los otros espárragos gruesos. Cortar esas gavillas en dos.

Cortar un tronco relleno en dos, al bies. Colocar en los platos una media gavilla de espárragos y un medio tronco relleno. Decorar con ensalada, envoltura de pimientos, perifollo y cebolleta. Cubrir con la vinagreta de Oporto y Jerez reducidos, azúcar, vinagre balsámico y aceite de oliva.

Los gourmets austriacos y alemanes tienen por costumbre degustar los espárragos sancochados y cubiertos con salsa holandesa. Es poco corriente la propuesta de presentarlos empanados, enrollados con jamón y queso y luego fritos.

Calamares con cebolla

4 personas . tiempo de preparación: 7 min . tiempo de cocción: 17 min

24 calamares . 2 pimientos verdes españoles . 2 cebollas rojas . 1 cebolla blanca . 2 cucharadas soperas de aceite de oliva . 1 cucharada sopera de vino blanco . 1 cucharadita de páprika . 1 cucharadita de pimienta roja . Perejil . Pimienta . Sal.

Retirar la cabeza de los calamares y extraer los ojos. Extraer las vísceras de los moluscos y aclarar abundantemente. Retirar la espina interior transparente. Enjugar. Reservar los tentáculos y el cuerpo de los calamares sobre papel absorbente.
Pelar y cortar las cebollas en dos y luego en rodajas. Secar los pimientos verdes y retirar el rabo, las pepitas y cortarlas finamente en sentido longitudinal.
Saltear los pimientos y la cebolla en 2 cucharadas soperas de aceite de oliva. Dejar que tomen color durante 15 min a fuego vivo removiendo con frecuencia.
Añadir los calamares en la sartén de los pimientos y las cebollas. Salpimentar. Dorar 1 min a fuego vivo. Remover bien la mezcla.
Echar 1 cucharada sopera de vino blanco sobre los calamares y dejar reducir 1 min. Añadir a la sartén 1 cucharadita de pimienta y 1 de páprika dulce. Dejar confitar 1 min sin dejar de remover. Presentar 6 calamares por persona sobre un lecho de cebollas y pimientos confitados. Espolvorear un poco de perejil. Degustar muy caliente.

Reunidos para lo mejor, calamares, cebollas y pimientos se reencuentran en un sabroso entrante, rápido y fácil de realizar. Pescados con caña en la costa vasca, estos moluscos merecen un lugar de honor por su delicado sabor. Sólo se encuentran de junio a agosto, lo que los hace muy deseados. Asados, guisados en salsa o acompañados de verduras, los calamares son los reyes de las tapas, los pequeños divertimentos del paladar inventado por los españoles.

Grueso y de un suave color marfil, al calamar debe vaciársele la tinta con cuidado y luego ser enjuagado en agua corriente. La cabeza, a la que se han extraído los ojos, se reserva el derecho de cocerse a fuego lento en la sartén.

Entrantes calientes

Arañas de mar Tierra de Fuego

6 personas . tiempo de preparación: 1 h . tiempo de cocción: 25 min

6 arañas de mar . 10 g de mostaza . 150 g de gruyer rallado . 300 g de gambas rosas . 100 g de perejil fresco . 3 cucharadas soperas de pan rallado fino . 1 cucharada sopera de mantequilla . Sal gruesa. Bechamel: 1 l de leche . 20 g de mantequilla . 20 g de harina . 1 pizca de nuez moscada . Sal . Pimienta.

Separar los caparazones de la carne y las patas de las arañas de mar. Raspar y enjuagar las carcasas y luego reservar. Poner a cocer los cuerpos con las patas 5 o 6 min en agua salada hirviendo. Luego desmenuzarlos. Extraer los caparazones y picar las gambas. Llevar la leche a ebullición. Fundir 30 g de mantequilla en una cacerola. Añadir la harina, remover con una batidora y luego añadir la leche caliente. Remover 20 min a fuego lento hasta obtener la bechamel. Salpimentar y añadir la nuez moscada. Verter la bechamel en una terrina. Añadir el grueso de las arañas desmenuzadas y luego las gambas picadas y mezclar con una cuchara.

Incorporar seguidamente el relleno, la mostaza, el perejil picado y el gruyer rallado. Salpimentar. Remover con la cuchara hasta obtener un relleno homogéneo.

Con ayuda de un pincel, untar uniformemente el interior de los caparazones con la mantequilla fundida. Luego echar el pan rallado, dando golpecitos para que se

repartan bien los caparazones. Rellenarlos con el preparado a la bechamel. Igualar la superficie con la espátula. Espolvorear al final con pan rallado y pasar por el horno 10 min a 200° C. Salpicar un poco de perejil fresco y servir el plato muy caliente.

Cuando el explorador Magallanes descubrió en 1520 el estrecho que lleva su nombre, la Tierra de Fuego estaba poblada por indios nómadas que vivían como en la Edad de Piedra.

Entre ellos, los alakaluf y los yaghan pasaban su vida marina en piraguas, se alimentaban de cangrejos, mejillones y pescado. Estos indios fueguinos fueron diezmados antes de principios del siglo XX. En la actualidad, los habitantes de Ushuaia y de Punta Arenas viven de la pesca o trabajan en la industria conservera de cangrejos, gambas, langostinos o pescado.

Entrantes calientes

Choquitos y crema de patatas

4 personas . tiempo de preparación: 40 min . tiempo de cocción: 40 min

1 kg de choquitos (sepias pequeñas) . 1 cebolla blanca . 2 tomates . 25 cl de vino blanco . 2 cucharadas de caldo concentrado de pescado . 2 hojas de laurel . 25 cl de aceite de oliva . sal . pimienta negra . Crema de patatas: 500 g de patatas . 25 cl de nata líquida . 2 cucharadas de fondo de ave . sal

Para preparar las sepias, retirar el cartílago del interior. Separar las bolsas de tinta y reservarlas en un cuenco. Retirar las cabezas y trocear los tentáculos.

Triturar los tomates hasta obtener un puré. Pelar la cebolla y cortarla en dados pequeños. En un cazo grande, sofreír los dados de cebolla en 25 cl de aceite de oliva. Añadir el puré de tomate. Mezclarlo todo y rehogar unos 10 minutos.

Incorporar las sepias y mezclar. Calentar 50 cl de agua con 2 cucharadas de caldo concentrado de pescado y las hojas de laurel. Salpimentar. Pelar las patatas y hervirlas en agua con sal.

Reventar las bolsas de tinta y agregarlas a la preparación. Vertir el vino blanco y, cuando hierva, añadir el caldo concentrado de pescado restante. Proseguir la cocción durante unos 40 minutos.

Al preparar el puré de patatas, desliarlas con el fondo de ave. Calentar el puré a fuego lento y añadir la nata líquida. Mezclar la crema con un batidor y, cuando rompa el hervor, retirarla del fuego. Servir los choquitos con la crema.

Este estofado de choquitos (sepias pequeñas) es un plato tradicional de la ría de Vigo, situada en el litoral gallego. En esta región de España, los platos a base de pescado y mariscos se cuentan por miles.

Cocidas en su tinta, las sepias revelan sabores incomparables. Nuestro chef ha decidido acompañar esta especialidad con una crema de patatas.

La sepia se caracteriza por su cuerpo ovalado, de color gris beige, con una cabeza bastante grande provista de diez tentáculos irregulares, dos de los cuales son muy largos. El cuerpo o bolsa, rodeado de aletas, contiene una parte dura, el cartílago de la sepia. Le recomendamos que utilice guantes para realizar esta operación. La bolsa de tinta, que ha de conservar, debe retirarla con los dedos.

Lejos de estas preocupaciones religiosas, esta receta tradicional de La Mancha era considerada por don Quijote, el célebre héroe de Cervantes, como un plato de fiesta, que degustaba todos los viernes. En esta región, este plato todavía goza de una notoriedad incontestable. Presentado a modo de entrante caliente, los duelos y quebrantos rebosan de sabores.

Duelos y quebrantos

Duelos y quebrantos

4 personas . tiempo de preparación: 15 min . tiempo de cocción: 10 min

*2 huevos . 1 chorizo delgado . 70 g de tocino de cerdo desalado . 1 seso de cordero .
4 lonchas de jamón serrano . 4 rebanadas de pan . 2 cucharadas de vinagre blanco .
un chorro de aceite de oliva . sal (opcional) . Decoración:
pimienta negra en grano . perejil (opcional)*

Vertir agua en un cazo, añadir 2 cucharadas de vinagre blanco y calentar. Cuando rompa el hervor, introducir con cuidado los sesos de cordero y blanquearlos unos 2 minutos.
Con la punta de un cuchillo, limpiar los sesos y retirar los pequeños vasos sanguíneos. Cortarlos en trozos pequeños.
Trocear el tocino de cerdo en dados. Retirar la piel del chorizo y cortarlo en rodajas. Reservar algunas para la decoración. En una sartén, vertir un chorro de aceite de oliva y freír el tocino y el chorizo. Retirar la grasa de la sartén. Tueste las rebanadas de pan en el horno.
En la misma sartén, sofreír los sesos sin dejar de remover.
Fuera del fuego, cascar los huevos en la sartén y remover. Enrollar la loncha de jamón en un aro de cocina y rellenarlo con la preparación. Servir los duelos y quebrantos con el pan tostado y las rodajas de chorizo. Decorar el plato con el perejil y la pimienta molida.

Tal vez debamos remontarnos a la oscura época de la Inquisición española para encontrar el origen de este plato. La Iglesia, que desconfiaba de los judíos y los musulmanes recién convertidos al cristianismo, pedía a sus católicos que consumieran carne de cerdo, prohibida en sus respectivas religiones, para probar la infalibilidad de su nueva fe. Los duelos y quebrantos, con huevos revueltos, sesos de cordero, jamón, chorizo y tocino de cerdo, se ofrecía a los conversos.

Espárragos de Aranjuez con huevos escalfados

4 personas . tiempo de preparación: 30 min . tiempo de cocción: 25 min

500 g de espárragos verdes frescos . 500 g de espárragos blancos frescos . 4 huevos .
Salsa: 2 huevos . 3 cucharadas de mantequilla . 1 cucharada de vinagre de jerez . una pizca
de pimentón picante . sal . pimienta

Pelar los espárragos verdes y blancos con la ayuda de un pelador de verduras. Cortar las puntas con unos 5 cm de tallo.

Para blanquear los espárragos, sumergir los verdes 2 minutos en agua hirviendo y los blancos, durante 8 minutos. Una vez cocidos, introducirlos en un recipiente lleno de agua fría con cubitos de hielo.

Cocer los huevos en agua hirviendo –5 minutos desde que rompa el hervor–. Refrescarlos después en un recipiente con agua bien fría.

Para preparar la salsa vertir en un cuenco al baño María los huevos batidos, la mantequilla, el vinagre de jerez, el pimentón, la sal y la pimienta.

Batir la salsa al baño María durante unos 10 minutos, hasta que adquiera una consistencia espesa y homogénea y un color amarillo anaranjado.

Formar gavillas con los espárragos –por ejemplo, con tiras de la parte verde del puerro– y colocarlas en platos. Partir los huevos por la mitad y bañar los espárragos con la yema y la salsa.

De abril a septiembre, los madrileños se deleitan con espárragos de Aranjuez servidos con huevos escalfados. En esta localidad situada a orillas del Tajo, antigua residencia real cercana a Madrid y Toledo, la tierra fértil propicia el cultivo de suculentos espárragos blancos y verdes. Hace varios milenios, los griegos y los egipcios ya consumían esta hortaliza. Los romanos, unos gastrónomos refinados, desarrollaron métodos de cultivo.

Olvidado por los gastrónomos, este tallo tierno volvió a ser apreciado en el siglo XVII. Para Luis XIV, a quien le encantaban y los exigía todo el año en su mesa, su jardinero La Quintinie inventó el cultivo en invernadero. Llegado al trono de España en 1700, su nieto Felipe V de Borbón dio a conocer el espárrago en tierras ibéricas.

Cuando empieza a preparar el plato, Pep Masiques cuece primero a fuego lento un meloso sofrito de cebollas y ajo que posteriormente divide en dos partes. La primera servirá para la cocción de los guisantes, que adereza con tiras de tocino, rodajas de butifarra y vino blanco. La segunda será la base del estofado de habas.

Habas y guisantes del Maresme

Habas y guisantes del Maresme

4 personas . tiempo de preparación: 20 min . tiempo de cocción: 1 h y 5 min

1 kg de habas frescas . 1 kg de guisantes frescos . 200 g de tocino ahumado . 200 g de butifarra negra . 1 cabeza de ajos . 4 cebollas . 2 hojas de laurel . 1 manojo de menta fresca
40 cl de vino blanco seco . 1 cucharada de azúcar . 4 tomates maduros . 20 cl de aceite de oliva . sal

Desvainar las habas y los guisantes. Poner las lonchas de tocino ahumado sobre una tabla de cortar y trocearlos en tiras. Cortar la butifarra en rodajas. Pelar las cebollas y el ajo, y picarlos.
Calentar el aceite de oliva en una sartén. Añadir las cebollas y sofreírlas 5 minutos. Agregar el ajo y un poco de sal, y proseguir la cocción 5 minutos más. Reservar la mitad del sofrito obtenido en otra cacerola. Incorporar las tiras de tocino a la sartén, sobre el sofrito de cebolla. Añadir los guisantes y una pizca de azúcar. Tapar la sartén y dejar cocer durante 10 minutos.
Pasado este tiempo, añadir a los guisantes las rodajas de butifarra y 20 cl de vino blanco. Proseguir la cocción durante 10 minutos más.
Agregar los tomates al sofrito reservado, el laurel, una pizca de azúcar y sal. Rehogar todo y añadir las habas. Tapar la cacerola y cocer durante 25 minutos.
Agregar a las habas dos hojas de menta y 20 cl de vino blanco. Tapar de nuevo la

cacerola y proseguir la cocción durante 10 minutos más. Si es necesario, recalentar los guisantes. Servir las habas y los guisantes decorados con menta.

Hace varios años, los gastrónomos catalanes acudían a la localidad de Cabrils para saborear los excelentes estofados de habas y guisantes que elaboraba la señora Masiques, la madre de nuestro chef. Él ha conservado acertadamente esta suculenta receta típica de la región del Maresme.

En la provincia de Tucumán, la llanura fértil que se extiende al este de la cordillera de los Andes está rodeada por las llanuras de las gigantescas montañas. San Miguel de Tucumán, la capital regional, se cuenta entre las más hermosas ciudades del país por sus numerosos edificios históricos.

Empanadillas de Tucumán con salsa

Empanadillas de Tucumán con salsa

6 pers . tiempo de preparación: 1 h . Cocción: 2 h 25 min . Reposado de la pasta en el frigorífico: 1 h al menos

Empanadillas de pollo. Pasta: 1 kg de harina de pan . 100 g de mantequilla reblandecida . 20 g de sal . Aceite de freír . Relleno: 1 pollo . 5 l de caldo de verduras al vino blanco . 1 cebolla . 250 g de manteca de cerdo . 1 patata pequeña . 200 g de aceitunas deshuesadas . 100 g de pasas remojadas en vino . 4 huevos . 1 pizca de páprika . Sal . Pimienta.
Empanadillas a la pimienta. Pasta: 600 g de harina de pan . 20 cl de aceite . 20 cl de leche . Relleno: 1 kg de filete de buey . 1 punta de comino . 1 punta de ají molido . 200 g de manteca de cerdo . 1 cebolla. 1 pizca de páprika . 3 huevos . Sal . Pimienta.

Mezclar la harina y la mantequilla para la pasta de empanadillas de pollo y trabajar con la punta de los dedos. Luego amasar con 30 cl de agua salada y hacer una bola. Cubrir con film plástico y dejar reposar 1 h. Poner a hervir la patata durante 30 min, y 10 min los 7 huevos. Para la pasta de empanadillas a la pimienta, mezclar la harina con 20 cl de agua. Incorporar la leche, mezclar y añadir el aceite en último lugar. Amasar como para una torta y dejar reposar en el frigorífico durante 1 h.
Pochar el pollo durante 1 h en el caldo de verduras. Deshuesarlo, quitarle la piel y trinchar la carne. Trocear por separado las aceitunas, la cebolla, las pasas, los huevos duros y cortar la patata en dados pequeños.
Para el relleno de empanadillas a la pimienta, cortar la carne de buey y mezclarla con el ají molido y el comino. Saltear la cebolla durante 5 min en la manteca de cerdo. Añadir la carne y dejar reducir 8 min. Incorporar fuera del fuego la páprika, la sal, la pimienta y los 3 huevos desmenuzados. Dejar enfriar.
Para el relleno de las empanadillas de pollo, reducir la manteca de cerdo en otra sartén y

luego la cebolla picada. Cuando esté todo dorado, añadir fuera del fuego el pollo, la páprika, los dados de patata, las aceitunas verdes picadas, los 4 huevos duros, la sal y la pimienta. Dejar enfriar.
Formar unas rodajas con las 2 pastas. Rellenarlas con la masa de pollo. Cerrar con los dedos en la forma habitual y freír durante 10 min. Rellenar la otra pasta con el preparado de buey. Dorar la superficie con yema de huevo y poner a cocer al horno 20 min a 180° C.

Gracias a un sofisticado sistema de riego, heredado de los árabes, las hortalizas crecen en abundancia en esta tierra. Entre las más corrientes, se encuentran las judías verdes y las acelgas. Para la menestra, es imprescindible cocerlas al dente en agua con sal. Calcule cuatro minutos para las acelgas, doce minutos para la coliflor y las zanahorias, y ocho minutos para las judías.

Menestra de verduras con jamón ibérico

Menestra de verduras con jamón ibérico

4 personas . tiempo de preparación: 35 min . tiempo de cocción: 25 min

25 g de judías verdes . 2 alcachofas moradas . 1 zanahoria . 1 hoja de acelga . 25 g de coliflor . 25 g de espárragos verdes . 2 lonchas de jamón ibérico . 1 diente de ajo 1 cucharadita de bicarbonato . 6 cl de aceite de oliva . sal gorda . Lechada: 1 cucharada de harina . 1 limón . 1 cucharada de aceite de oliva . sal

Preparar las judías verdes, la zanahoria, la parte blanca de la acelga, la coliflor y los espárragos. Cortar las hortalizas en bastoncitos, excepto la coliflor. Blanquearlas por separado en agua con sal gorda. Añadir el bicarbonato a los espárragos.

Pelar las alcachofas dejando sólo el corazón y partirlas por la mitad. Para preparar la lechada, vertir en una cacerola con agua la harina, el aceite de oliva y el zumo de limón. Salar. Incorporar los corazones de alcachofa y cocerlos durante 20 minutos. Pelar el diente de ajo y cortarlo en dados pequeños. Freírlos en 5 cl de aceite. Escurrir todas las verduras e incorporarlas a la preparación de ajo. Dorarlas durante unos 2 minutos.

Tamizar la lechada y vertirla sobre las verduras. Dejarlas cocer unos 2 minutos.

Corte las lonchas de jamón ibérico en tiras muy pequeñas y freírlas en un poco de aceite de oliva. Servir la menestra de verduras en los platos. Repartir por encima las tiras de jamón y decorar con un cordón de salsa.

La menestra de verduras con jamón ibérico es una ensalada de primavera que se sirve tibia. Esta especialidad de Navarra, muy apreciada en España, forma parte del patrimonio culinario ibérico. Fácil de preparar, este plato hace honor a las hortalizas que se cultivan en Navarra en los campos de la Ribera. Apreciadas por su excepcional calidad, son un componente esencial de la gastronomía de esta región, famosa por su gran refinamiento.

Migas ruleras

4 personas . tiempo de preparación: 15 min . tiempo de cocción: 15 min . reposo de los dados de pan: 12 h

300 g de tocino . 1 chorizo . 1,5 kg de pan de hogaza . 6 dientes de ajo
1 kg de uva negra . 2 cucharaditas de pimentón dulce . 1 chorro de aceite de oliva . sal

La víspera, cortar el pan en rebanadas. Retirar la corteza y cortar la miga en dados. Pasarlos a un recipiente y empaparlos ligeramente con agua. Cubrir con un paño y dejar reposar 12 horas.

Cortar el chorizo en rodajas y el tocino en dados. Separar las uvas de los racimos y enjuagarlas.

En una sartén, rehogar con un chorro de aceite de oliva las rodajas de chorizo. Añadir los dados de tocino y las láminas de ajo. Mezclar todo y freír. Retirar el ajo, el chorizo y la panceta.

En la misma sartén, vertir 2 cucharaditas de pimentón. Remover con la ayuda de una espátula de madera.

Agregar los dados de pan preparados la víspera. Remover hasta que el pan esté dorado y crujiente y salar.

Incorporar de nuevo las rodajas de chorizo y los dados de tocino. Rehogarlo todo unos instantes a fuego lento. Servir las migas ruleras en una fuente junto con las uvas negras.

De una gran sencillez, las migas ruleras son típicas de Castilla y de Extremadura. En septiembre, los vendimiadores se reúnen alrededor de una mesa colectiva y saborean este plato tradicional. Realzados con los sabores del aceite de oliva, el chorizo, el tocino, el ajo, el pimentón y la sal, los trozos de pan combinan acertadamente con la uva negra. La preparación de las migas se remonta a miles de años. Los primeros habitantes de España ya elaboraban un plato a base de pan duro, que aderezaban con grasa.

Característico de la vida pastoral, esta preparación sencilla permitía a los pastores y a los arrieros desplazarse libremente. Con el paso del tiempo, esta comida frugal entró en el repertorio culinario ibérico, que presenta numerosas variantes según las regiones.

Originariamente, la paella se refiere al gran recipiente plano y de paredes bajas provisto de dos asas en el cual se cuece el arroz con una guarnición de carne, pescado, hortalizas o marisco. Antaño, era un plato de fiesta reservado para las reuniones al aire libre.

Paella de verduras

Paella de verduras

4 personas . tiempo de preparación: 20 min . tiempo de cocción: 50 min

4 alcachofas . 100 g de habas tiernas . 80 g de ramilletes de coliflor . 1 zanahoria
1 puerro . 1 pimiento rojo . 1 calabacín . 3 hojas de acelga . 1 tomate maduro . 3 dientes de
ajo . 10 cl de aceite de oliva . una pizca de hebras de azafrán . 2 l de caldo de pollo .
1 cucharadita de pimentón picante . 350 g de arroz . sal

Desvainar las habas. Separar los ramilletes de coliflor en trozos pequeños. Pelar las alcachofas y cortarlas en trozos. Preparar las otras hortalizas: cortar el puerro, el pimiento, la zanahoria y el calabacín en bastoncitos de 4 cm de largo. Cortar las hojas de acelga en tiras. Pelar el tomate, trocearlo y extraer las semillas. Pelar el ajo y picarlo. Mezclar todas las hortalizas en un cuenco. Vertir 10 cl de aceite de oliva en la paella. Calentar e incorporar las hortalizas. Añadir el pimentón. Freírlo todo unos 10 minutos, removiendo de vez en cuando.

Cuando las hortalizas estén tiernas y doradas, añadir el arroz a la paella. Mezclarlo todo, utilizando una espátula de madera, durante 5 minutos hasta que el arroz esté transparente.

Vertir el caldo de pollo en la paella y llevarlo todo a ebullición.

Por último, sazonar con azafrán y sal. Cocer durante 20 minutos, removiendo de vez en cuando. Cocea la paella en el horno durante 8 minutos. Servir bien caliente.

La paella de verduras no figura en los libros de cocina antiguos. Sin embargo, esta suculenta preparación está muy extendida entre las familias valencianas. Además, nuestro chef la elabora deliciosamente desde hace más de treinta años.
Cercanas a Valencia, las marismas de la Albufera ya producían arroz en la Edad Media. Son la auténtica cuna de la paella, que hoy constituye el orgullo de los valencianos en todo el mundo.

Vieiras a la plancha con su arroz cremoso

4 personas . tiempo de preparación: 50 min . tiempo de cocción: 30 min

16 vieiras . 1 chorro de aceite de oliva . sal . Arroz cremoso: 200 g de arroz . 20 cl de vino blanco . 3 cucharaditas de queso parmesano rallado . 5 cl de aceite de oliva . sal . pimienta blanca . Hortalizas para el arroz (300 g en total): 1 zanahoria . 1 cebolla . 50 g de guisantes . 1 tomate . 1 tallo de apio . 1 escalonia . 3 ramitas de perejil . 1 calabacín . 50 g de habas
Decoración (opcional): hojas de albahaca fresca

Para preparar las hortalizas del arroz, desvainar los guisantes y las habas. Pelar la zanahoria, la escalonia, la cebolla y el apio. Lavar el calabacín y el tomate. Cortar todas las hortalizas en dados muy pequeños. Reservar unos 300 g en total.

Preparar un caldo con el resto de las hortalizas y dejarlo cocer unos 20 minutos. En una sartén grande, calentar 5 cl de aceite de oliva y añadir los 300 g de hortalizas cortadas junto con el perejil picado. Sofreír unos 5 minutos.

Incorporar el arroz. Dorar, removiendo con una espátula de madera.

Vertir el vino blanco y remover. Pasar el caldo de verduras por el colador chino.

Vertir un poco del caldo colado en la sartén. Cocer, unos 10 minutos, sin dejar de remover y añadiendo gradualmente el caldo restante. Salpimentar el arroz y espolvorear con el queso parmesano.

Salar las vieiras y rociarlas con aceite de oliva. Cocer en la sartén durante unos 2 minutos. Disponerlas en los platos, acompañadas de un timbal de arroz cremoso. Decorar con hojas de albahaca.

Las vieiras son especialmente apreciadas en Galicia y tiene la ventaja de poderse preparar de muchas maneras. Para conservar su incomparable sabor, nuestro chef propone asarlas a la plancha. Sumamente refinado, este plato de acertada creación se sirve acompañado de un arroz.

Estrechamente asociada a la ciudad de Santiago de Compostela, la vieira es, desde la Edad Media, el símbolo de los peregrinos que hacen el camino de Santiago. Según la leyenda, a principios del siglo IX un ermitaño, guiado por una extraña estrella, descubrió en esta localidad gallega las reliquias del apóstol Santiago.

Elija patatas bien firmes, que puedan soportar la cocción en el caldo sin deshacerse. Para rebozarlas, nuestro chef dispone las rodajas en un plato con harina y las sazona con sal de mesa. Espera unos minutos para que suelten el agua de vegetación y las enharina de nuevo. De este modo, la harina se adhiere bien a las patatas en el momento de freírlas. De todas formas, es mejor eliminar el exceso de harina sacudiendo ligeramente las rodajas.

Patatas a la importancia

Patatas a la importancia

4 personas . tiempo de preparación: 25 min . tiempo de cocción: 50 min

6 patatas medianas . 2 dientes de ajo . 1 cebolla . 2 o 3 tallos de cebollino . 10 ramitas de perejil fresco . 1 l de caldo de pollo instantáneo . 150 g de harina . 2 huevos
sal . pimienta . aceite de oliva para freír

Pelar y cortar las patatas en rodajas de 5 mm de grosor. Enjuagar y secar con un paño.
Disponer una capa de harina en un plato. Salpimentar las rodajas de patata y enharinarlas bien.
Batir los huevos en un cuenco, donde se bañará una a una cada rodaja de patata.
En una sartén grande, dorar las rodajas de patata en aceite bien caliente durante 10 minutos. En una cacerola, freír con aceite el ajo y la cebolla picados durante 5 minutos. Añadir 1 cucharada de harina, mezclar en el fuego, verter el caldo caliente y llevar a ebullición.
Tomar las rodajas de patata doradas de una en una y, con la punta de los dedos, retirar el exceso de rebozado. A continuación, sumergir en el caldo preparado.
Incorporar el perejil y el cebollino picados. Empujar las patatas con el dorso de una cuchara hasta que queden bien sumergidas bien. Guisar durante 30 minutos a fuego lento.

Antaño, las patatas formaban parte de las comidas españolas. Por eso los días de fiesta, los cocineros trataban de ofrecerles preparaciones más elaboradas. Fue así como inventaron las patatas a la importancia: enharinadas y rebozadas en huevo batido, primero se fríen y luego se guisan en un caldo aromatizado. Hoy en día, figuran en la carta de numerosos restaurantes. La patata es oriunda de Perú, donde los incas ya la cultivaban hace unos 3.000 años, bajo el nombre de papa.

Este plato, fácil de preparar, se sirve principalmente en verano cuando los pimientos, los calabacines y los tomates llenan de color los mercados. Ofreciendo al aceite de oliva un lugar bien merecido, estas hortalizas así preparadas se aderezan al final con huevos batidos. Delicioso, el pisto a la bilbaína es un plato ligero con una presencia notable de calabacines.

Pisto a la bilbaína

Pisto a la bilbaína

4 personas . tiempo de preparación: 35 min . tiempo de cocción: 35 min

300 g de calabacines . 300 g de tomates . 2 pimientos verdes . 2 cebollas blancas
8 huevos . 4 rebanadas de pan de hogaza . 25 cl de aceite de oliva . sal .
pimienta blanca (opcional) . Decoración (opcional): rodajas de ñora y pieles de calabacín

Pelar las cebollas y los calabacines y reservar algunas tiras de piel para la decoración. Lavar los tomates y los pimientos verdes. Cortar todas las hortalizas en dados grandes.

Calentar 10 cl de aceite de oliva y rehogar los dados de pimiento y de cebolla. Cocer durante 10 minutos, tapados, removiendo con una espátula de madera.

Añadir los dados de tomate y de calabacín. Remover. Sazonar con pimienta y abundante sal. Proseguir la cocción 15 minutos más. Batir en un cuenco los huevos con ayuda de un batidor de varillas.

Con la una espumadera, vertir la preparación de verduras en los huevos batidos. Freír las rebanadas de pan en 10 cl de aceite de oliva y reservar.

Vertir en una sartén grande 5 cl de aceite de oliva. Cuando esté bien caliente, añadir la mezcla de verduras y huevo, y remover con la espátula. Servir en platos con las rebanadas de pan fritas. Decorar con rodajas de ñora y pieles de calabacín.

Situado en la costa española del Atlántico, el País Vasco ha acumulado de generación en generación un patrimonio culinario rico en sabores. Orgullosos de esta herencia, los vascos también son famosos por su pasión por la gastronomía. Del sencillo "pintxo", tapa tomada de pie y de prisa en un bar, a los platos tradicionales mucho más consistentes, a la gastronomía vasca no le falta carácter.

El pisto a la bilbaína es un entrante caliente sumamente popular. Esta preparación, que puede emparentarse con la "chakchouka" tunecina, es típica de Bilbao.

Éstas últimas son moluscos bivalvos de valva muy dura, y el color de su carne varía del gris al anaranjado oscuro. Los valencianos las consumen desde septiembre hasta finales de abril. Sin embargo, en España, las almejas de Carril, en la región de Galicia, son las más célebres por su excepcional sabor.

Almejas a la plancha con huevas de trucha

Almejas a la plancha con huevas de trucha

4 personas . tiempo de preparación: 20 min . tiempo de cocción: 15 min

24 almejas grandes . 1 cebolleta con su tallo . 3 huevos . 10 cl de aceite de oliva .
1 limón . 80 g de huevas de trucha . sal gorda y sal de mesa . pimienta

Disponer las almejas sobre una tabla de cortar. Con un cuchillo pequeño y afilado, cortar el músculo y abrirlas.

Formar una capa de sal gorda sobre una plancha y calentar. Cuando esté candente, colocar las almejas sobre la sal y asarlas durante 2 minutos.

Hervir los huevos durante 6 minutos. Pelearla cebolleta y cortarla en rodajas. Ponerla en un cazo, rociarla con agua y cocerla durante 5 minutos a fuego fuerte.

Escurrir la cebolleta. Triturar junto con las yemas de huevo cocidas y picadas y el aceite de oliva hasta obtener una salsa homogénea de color amarillo pálido.

Salpimentar la salsa, agregar zumo de limón y mezclar bien; añadir un poco de tallo de cebolleta previamente cortado con tijeras.

Colocar las valvas de almeja en una fuente de servir; cubrirlas con salsa una a una y decorarlas con las huevas de trucha.

Muchos españoles se deleitan con las almejas crudas. Abren la valva y sorben la carne del molusco, como si se tratara de una ostra. Cuidadoso de presentar un plato digno de los mejores restaurantes, Oscar Torrijos ha asociado de manera muy original tres elementos que, generalmente, no se combinan: almejas asadas a la plancha, salsa gribiche y huevas de trucha. Dotada de puertos abiertos al Mediterráneo, la provincia de Valencia ofrece una gran variedad de marisco y de pescado: mejillones, ostras y almejas.

En los alrededores de los animados cafés y quioscos se oferta una selección de pequeños platillos a los bañistas hambrientos. Entre estos, las conchitas de cangrejo se encuentran en el menú de las playas de Río, Recife o Salvador de Bahía...

Conchas de cangrejo a la copacabana

Conchas de cangrejo a la copacabana

20 conchas . tiempo de preparación: 30 min . tiempo de cocción: 30 min

300 g de carne de cangrejo . 1/2 lima . 45 g de mantequilla . 1 cebolla de 100 g . 300 g de tomates . 12 cl de leche de coco . 1 ramita de perejil fresco . 1 ramita de coriandro fresco . 2 briznas de cebolleta fresca . 2,5 cucharadas soperas de pan rallado . 1 Pimiento . 1/2 cucharadita de levadura química . 2 claras de huevo . Pimienta negra . Sal fina . Sal gruesa para la bandeja

Mondar y partir los tomates, al igual que el pimiento, el perejil, la cebolleta y el coriandro. Reservar todo. Poner la carne de cangrejo en una terrina, salpimentar y exprimir el zumo de media lima por encima.

Pelar y rallar la cebolla. Poner a fundir la mantequilla en una cacerola, para dorar después la cebolla 2 o 3 min. Añadir el cangrejo y los tomates y remover con la espátula. Dejar al fuego unos 5 min.

Añadir 1/2 cucharada sopera de pan rallado en la cacerola, así como las hierbas y el pimiento reservados. Incorporar seguidamente la leche de coco y salpimentar. Remover un instante a fuego lento hasta que todos los ingredientes estén bien amalgamados.

Añadir la levadura química en la mezcla de cangrejo y luego las claras de huevo montadas punto de nieve.

Con ayuda de una espátula, rellenar las pequeñas conchas con la mezcla.

Cubrir una bandeja grande de gratinar con una espesa capa de sal gruesa y colocar las conchas en su interior. Espolvorear con

2 cucharadas soperas de pan rallado. Dejar tostar al horno, previamente calentado a 180° C, durante 20 min.

Copacabana, Ipanema... las playas más hermosas de Río de Janeiro hacen soñar a los millones de aficionados a las inmersiones exóticas.

Muy tradicionales, los "briouates" (hojaldres) evocan el término "bra", que significa sobre en árabe, y más en general, todo lo que le rodea (una carta, un relleno…). Estos pequeños hojaldres triangulares pueden rellenarse con una guarnición dulce o salada.

Pirámides rellenas de buey

Pirámides rellenas de buey

4 personas . tiempo de preparación: 20 min . tiempo de cocción: 20 min

500 g de hojas de hojaldre fino . 500 g de costillar de buey . 1 cebolla . 1/2 manojo de perejil . 5 cl de aceite de cacahuete . 100 g de mantequilla . 3 huevos . 1 bolsita de colorante rojo en polvo . 1 cucharadita de sal . 1/2 cucharadita de pimienta blanca . Aceite de freír

Picar la carne y el perejil, por separado, en la picadora eléctrica. Mezclar los dos picadillos pero reservando 1 cucharadita de perejil.

Pelar, trocear y cortar la cebolla. Poner 5 cl de aceite y 100 g de mantequilla a calentar en una sartén y luego saltear la cebolla durante 5 min. Añadir el colorante rojo y el perejil reservado. Mezclar todo.

Añadir entonces en la cacerola la carne picada mezclada con el perejil. Salpimentar. Mezclar bien con la cuchara. Volver a poner al fuego 5 min sin dejar de remover. Cuando la preparación empiece a tomar color, añadir 2 huevos crudos. Mantener al fuego 5 min sin dejar de remover con la cuchara para que los huevos tengan tiempo de cocerse un poco.

Cortar una hoja de hojaldre en dos. Doblar los bordes izquierdo y derecho de media hoja. Untar los extremos con el huevo batido. Poner un poco de relleno en la parte inferior de la hoja. Doblar el triángulo de la izquierda y el de la derecha hasta el extremo de la pasta. Sellar con el huevo.

Poner a calentar el aceite de freír a 180° C. Sumergir los hojaldres y dejarlos freír durante 4 o 5 min, hasta que adquieran un color dorado. Colocarlos sobre un papel absorbente. Servir en platos pequeños y decorarlos con perejil.

Durante las celebraciones o en reuniones de tarde entre mujeres, las pirámides de hojaldre crujiente regalan los ojos de los invitados antes de alegrar sus pupilas.

Entrantes calientes

36 Calamares con cebolla

46 Filete de espárragos con perejil

56 Arenques fritos con mantequilla al limón

38 Centro de espárragos rebozados

48 Foie de pato con compota de membrillo

58 Malfatti con lentejas y langostinos

40 Berenjenas gratinadas con queso feta

50 Foie de oca a la húngara

60 Risotto al limón y al romero

42 Crepes de raviolis Janina

52 Fondue savoyarda

62 Macarrones con gambas y salsa de plátano

44 Caracoles a la antigua

54 Gratinado Club Gourmet

6
Pirámides rellenas de buey

 16
Vieiras a la plancha con su arroz cremoso

 26
Habas y guisantes del Maresme

 8
Conchas de cangrejo a la copacabana

 18
Paella de verduras

 28
Espárragos de Aranjuez con huevos escalfados

 10
Almejas a la plancha con huevas de trucha

 20
Migas ruleras

 30
Duelos y quebrantos

 12
Pisto a la bilbaína

 22
Menestra de verduras con jamón ibérico

 32
Choquitos y crema de patatas

 14
Patatas a la importancia

 24
Empanadillas de Tucumán con salsa

 34
Arañas de mar Tierra de Fuego